or

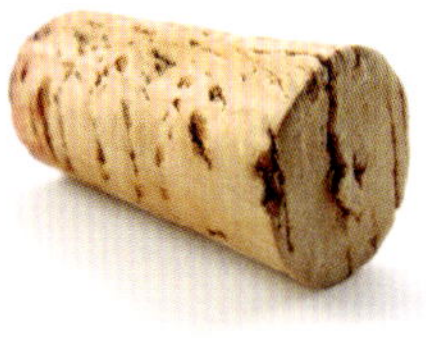

Ransom

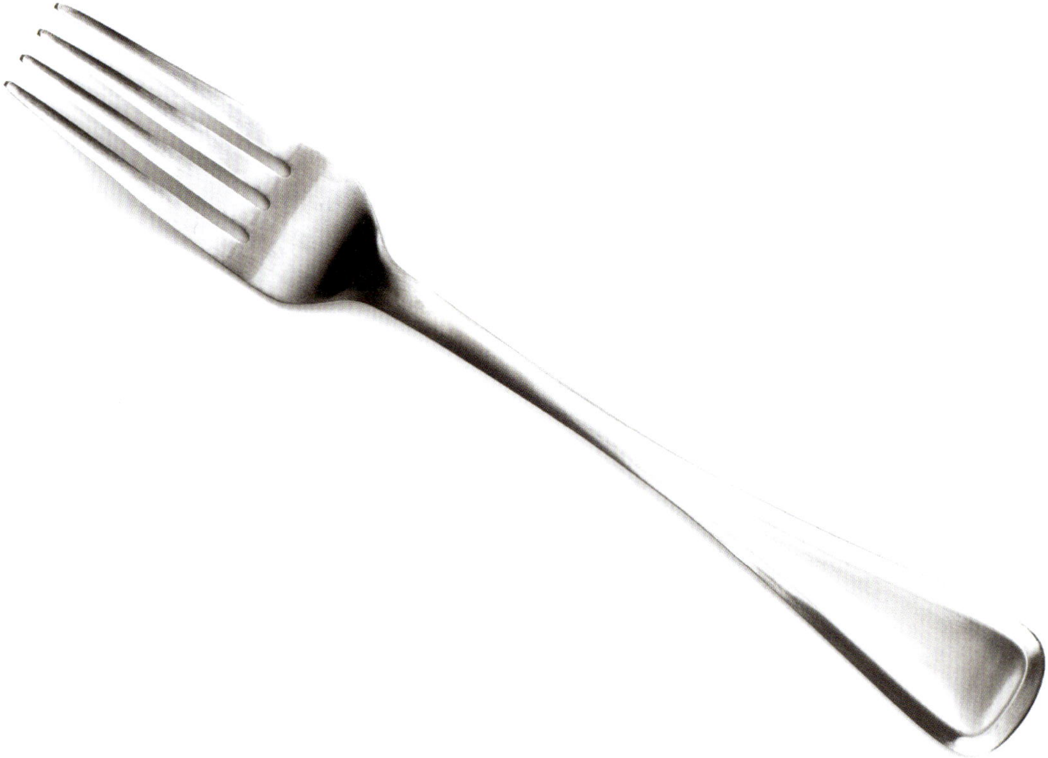

fork

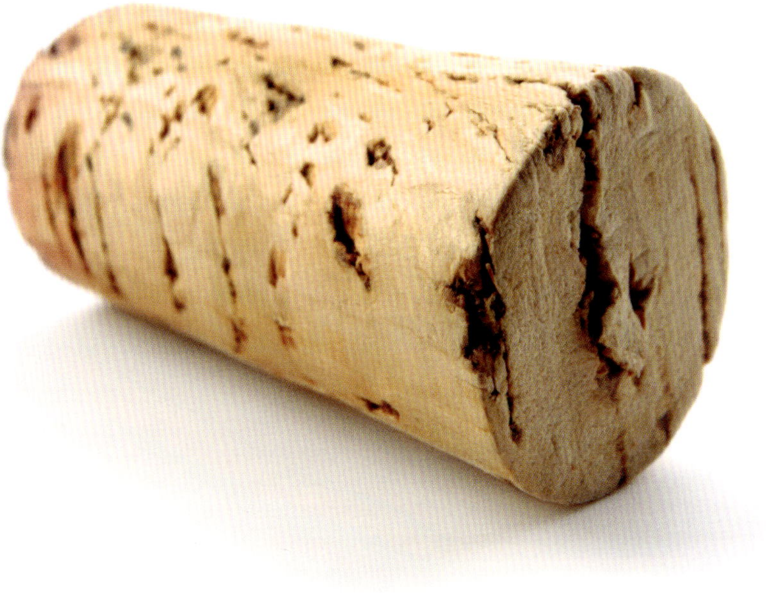

cork

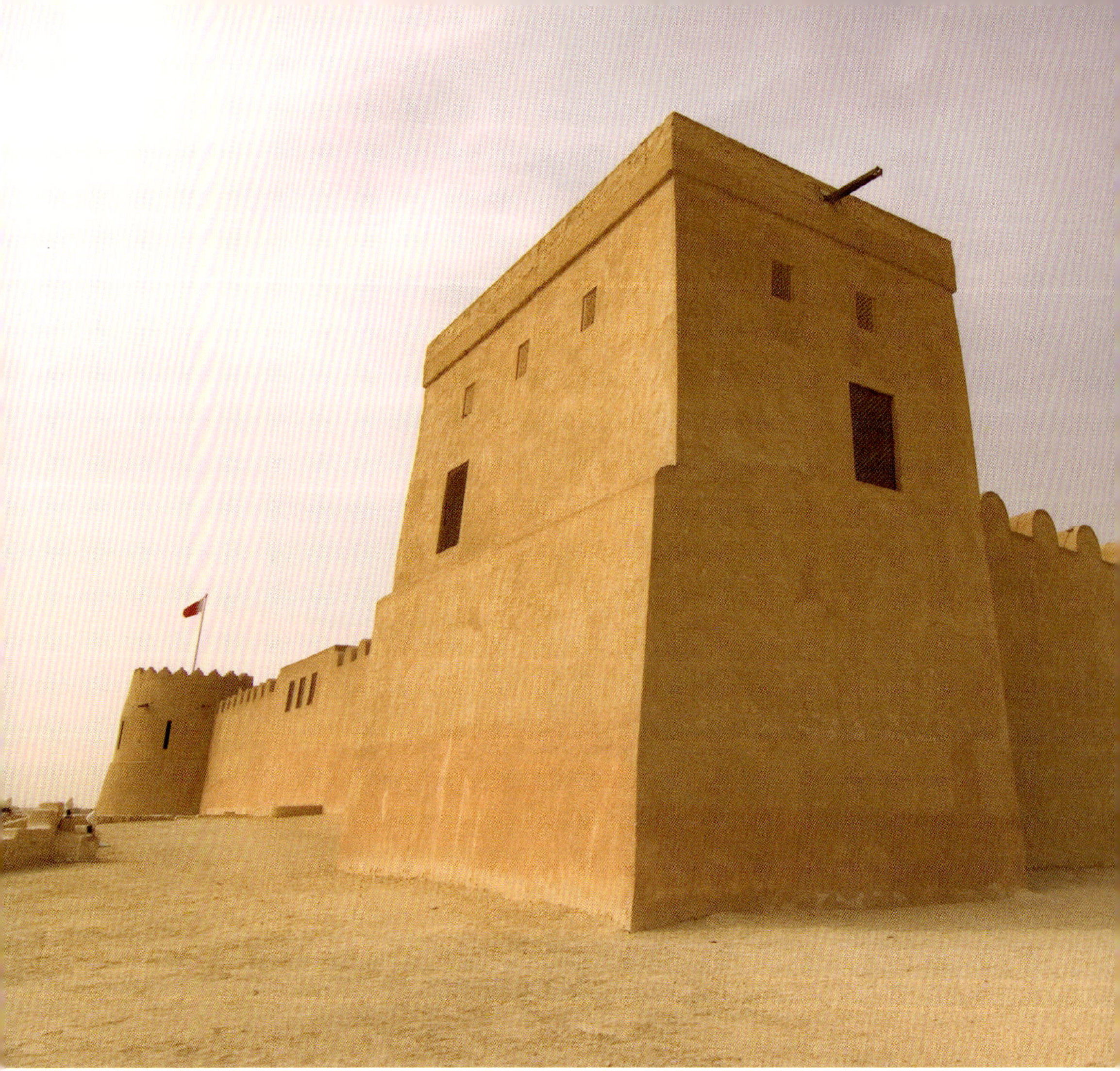

fort

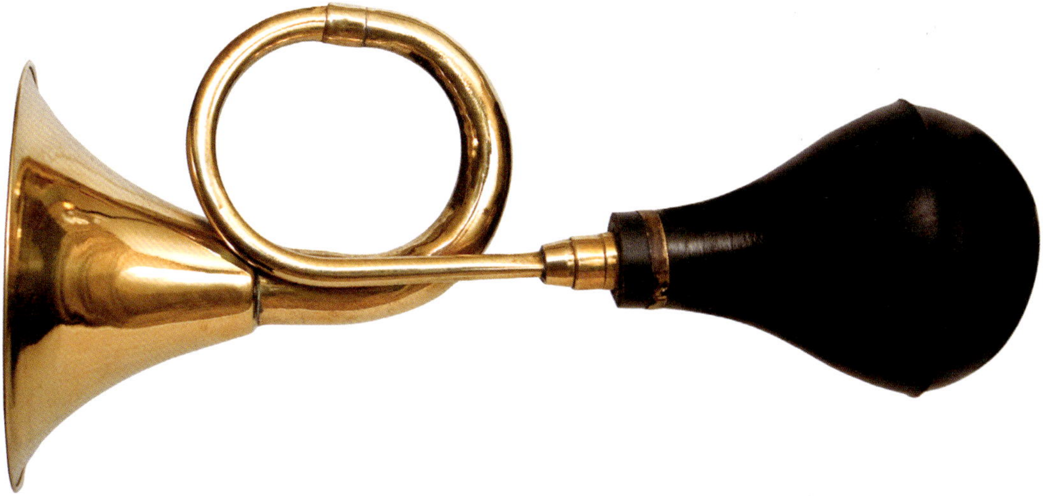

horn

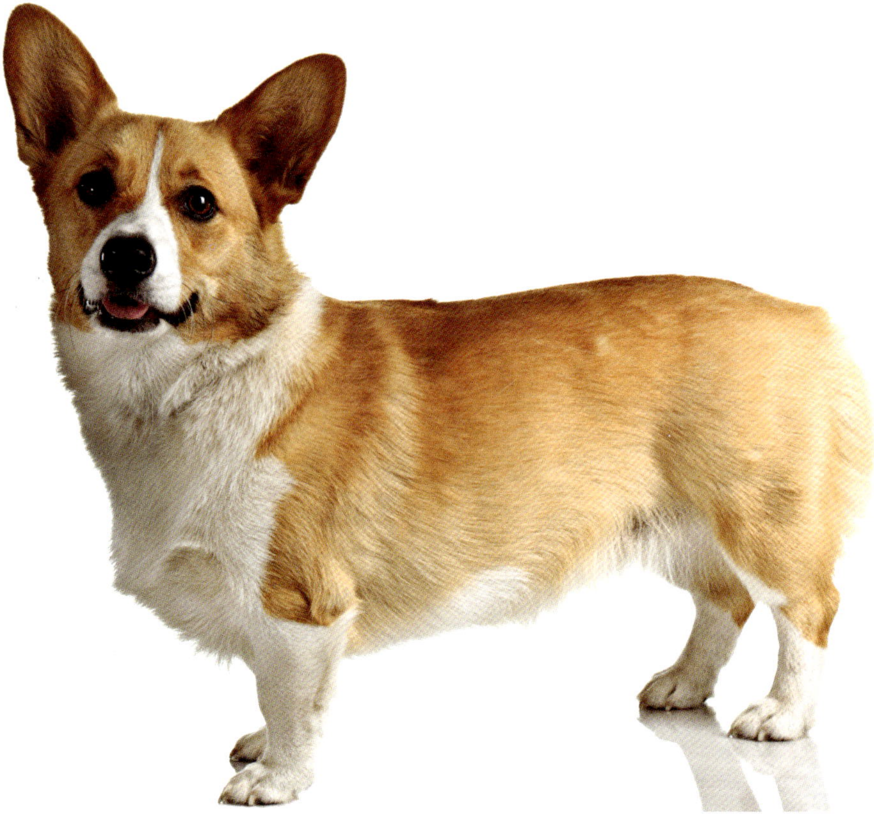

corgi

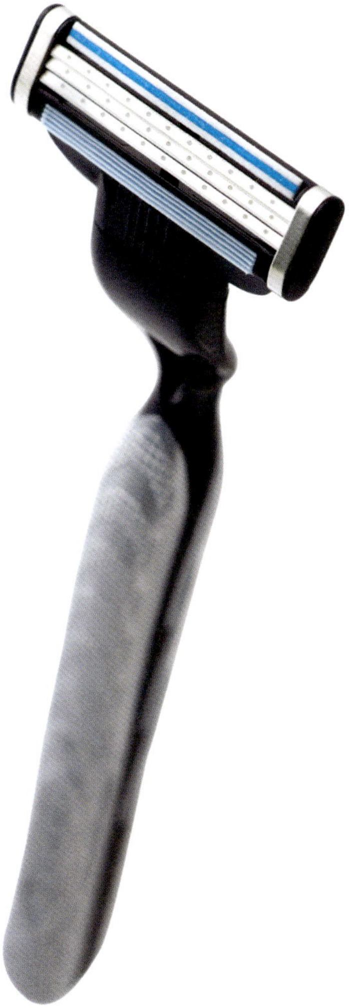

razor

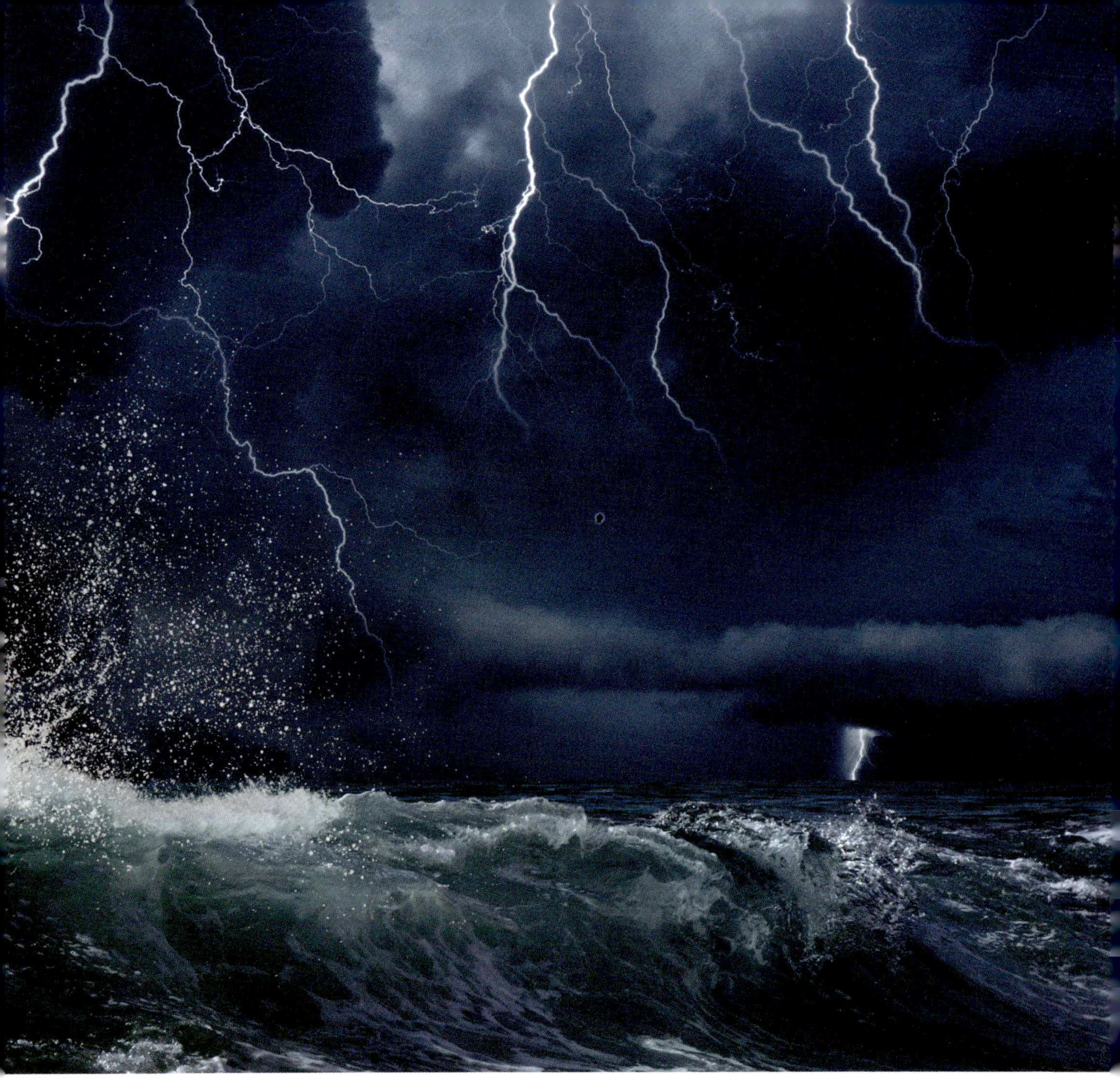

storm

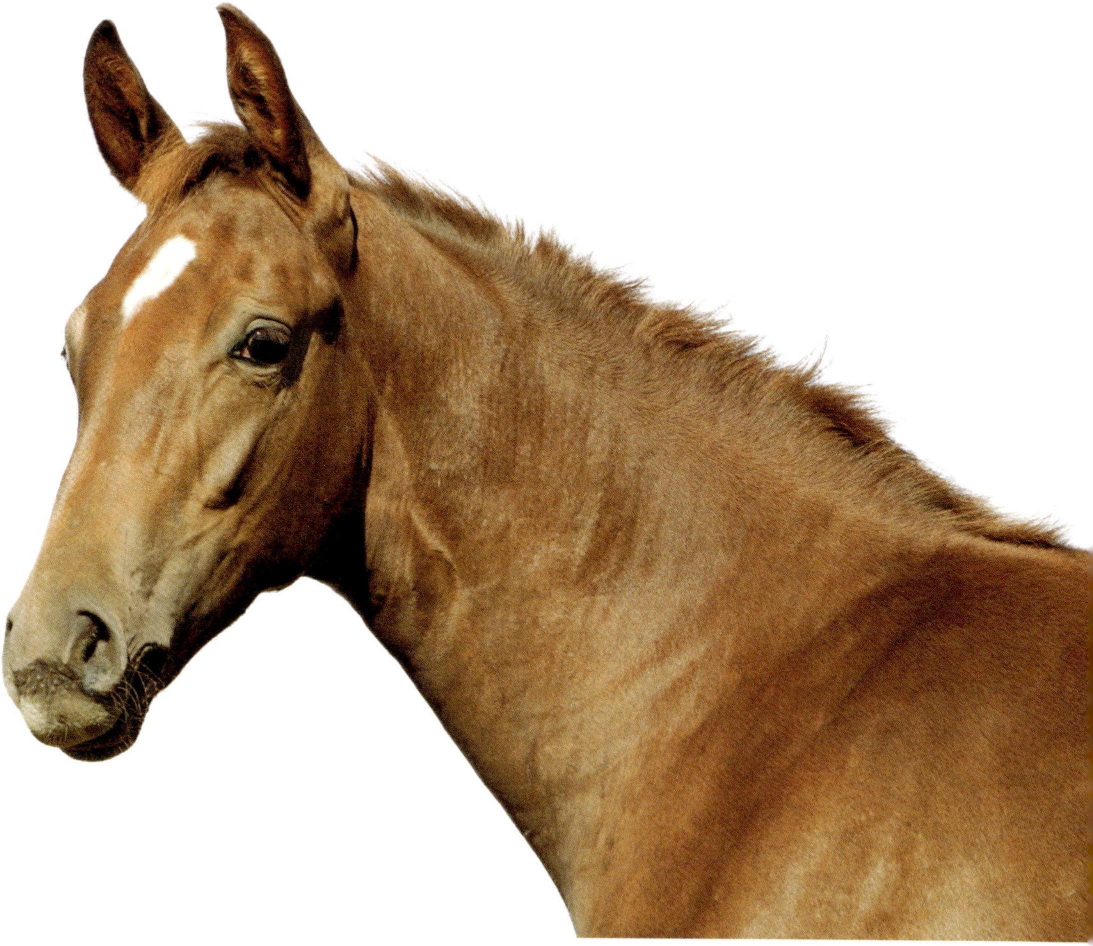

horse

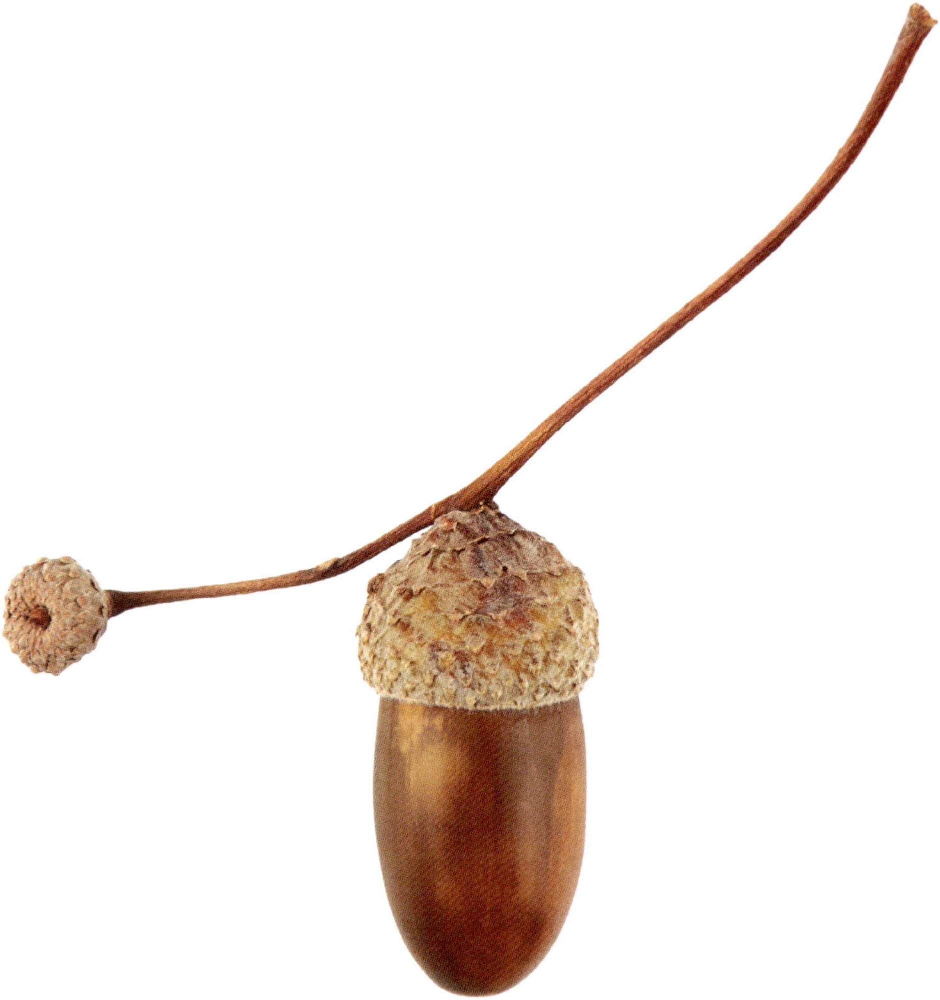

or or

or or

or

fork

cork

fort

horn

corgi

razor

storm

horse